UN CUENTO MAS
Sólo para ti

CHIRRINCHINCHINA
¿Qué hay en la tina?

por Mary Blocksma

ilustrado por Sandra Cox Kalthoff

versión en español de Lada Josefa Kratky

Consultante: Dr. Orlando Martinez-Miller

Producido por The Hampton-Brown Company, Inc.

CHILDRENS PRESS®

CHICAGO

Library of Congress Cataloging-in-Publication Data

Blocksma, Mary.
    Chirrinchinchina—¿Qué hay en la tina?

    (Un cuento más sólo para tí)
    Resumen: Un niño y su perro se divierten mucho
bañándose, pero tratan de no derramar agua en el piso.
    1. Cuentos infantiles, Estados Unidos. [1. Baños—
Ficción. 2. Perros—Ficción.] I. Kalthoff, Sandra Cox, il.
II. Hampton-Brown Company. III. Título. IV. Título:
¿Qué hay en la tina? V. Serie.
PZ7.B6198Ru 1984   [E]   84-12139
ISBN 0-516-31586-2

Chirrinchinchina,

¿qué hay en la tina?

Un niño.

Nada más.

—Pasa —dice papá.

—Pasa. Te doy permiso.

Pero no eches agua en el piso.

—Perro, perro —dice el niño.

—Si una pelota me puedes pasar,

yo tendré con qué jugar.

Chirrinchinchina,

¿qué hay en la tina?

Un niño y una pelota

y en el piso ni una gota.

—¡Qué perro tan bueno!
—dice el niño,
y lo toca con cariño.

Pero ahora,
el niño quiere
algo MAS.

Chirrinchinchina,

¿qué hay en la tina?

Un niño, un pescado y una pelota

y en el piso ni una gota.

—¡Qué perro tan bueno!

—dice el niño,

y lo toca con cariño.

Pero ahora,
el niño quiere
algo MAS.

Chirrinchinchina,

¿qué hay en la tina?

Un niño, un bote, un pescado, una pelota

y en el piso ni una gota.

—¡Qué perro tan bueno!

—dice el niño,

y lo toca con cariño.

—Y ahora me traes algo MAS.

Chirrinchinchina,

¿qué hay en la tina?

Un niño, un bote, un pescado, una pelota,

burbujas y en el piso ni una gota.

—¡Qué perro tan bueno!

—dice el niño,

y lo toca con cariño.

PERO DAME ALGO MAS.

—Perro, ¿qué más me vas a pasar?
¡Ya no hay con qué jugar!

—¡Ay no! —dice el niño.
—No, perro. ¡Tú NO!

Chirrinchinchina,

¿qué hay en la tina?

¡Un niño, un bote, un pescado, una pelota,

burbujas y un PERRO!

—¡Ay, no! —dice el niño.

—¡Agua en el piso!

¡Qué horror!

Ayúdame a secarlo, por favor.

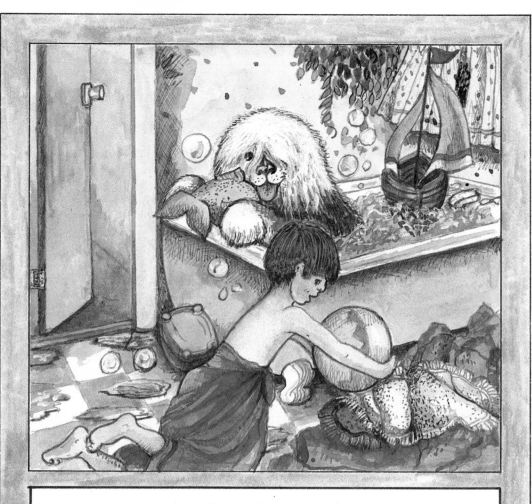

—Guarda el bote.

Guarda el pescado.

Guarda la pelota.

Estoy enojado.

—Limpia la pared.

Limpia el piso.

Límpialo todo.

Te doy permiso.

Pero ahora,
¡papá abre la puerta!

Ve al niño y ve al perro.

Ve los juguetes.   Ve la pelota.

Pero en el piso, ¡no ve ni una gota!

¡Ay, perro!